Vorwort

Aus der Mode gekommen ist der Fröbelstern eigentlich nie. Diese alte Technik begeistert auch heute noch Jung und Alt gleichermaßen. Durch geschickte Kombination mit Tonkarton und anderen Materialien eröffnen sich völlig neue Gestaltungsideen. Der 12er-Stern setzt besondere Akzente, die auch diejenigen unter Ihnen begeistern werden, die den Fröbelstern schon kennen. Viel Spaß beim Ausprobieren wünscht

Maja Rabe

Maja Rabe

Wissenswertes

Die Fröbelsterne erfunden hat Friedrich Fröbel (1782 - 1852), ein deutscher Pädagoge, der sich um die Erziehung noch nicht schulpflichtiger Kinder verdient gemacht hat. Er gründete bereits 1837 den ersten Kindergarten und entwickelte im Rahmen seiner Beschäftigungsspiele den Fröbelstern.

Material & Werkzeug

flüssiger Klebstoff

Heißklebepistole

Draht

Schere

Funliner

Stifte

Cutter

Holzperlen

Außerdem:

- ★ große und kleine Wäscheklammern
- ★ Perlgarn
- ★ Tonkarton
- ★ Tonpapier
- ★ Puppennadel
- ★ Transparentpapier
- ★ Seidenpapier
- ★ Rollenschneider
- ★ Schneideunterlage
- ★ Lichterkette

Für einige Motive werden Schablonen benötigt.

Wichtige Hinweise!

- ★ Für viele Motive werden in diesem Buch halbe Sterne benötigt, d.h. die Sterntüten werden nur auf einer Seite gefaltet.
- ★ Den 12er-Stern sollten Sie erst ausprobieren, wenn Sie den einfachen Stern gut können.
- ★ Für einen 12er-Stern werden dreimal 4 Streifen benötigt.
- ★ 12er-Sterne lassen sich nur mit Streifen bis 15 mm Breite falten. Mit breiteren Streifen ist es nicht möglich.

Stepp by Stepp

Schablonen herstellen

Stepp 1

Das ausgewählte Motiv mit einem Transparent- oder Butterbrotpapier ohne Überschneidungen vom Vorlagenbogen abpausen und auf Karton kleben.

Stepp 2

Das Motiv entlang der Konturen ausschneiden. Fertig ist die Schablone.

Stepp 3

Die Schablonen auf das entsprechende Material legen und die Umrisse mit einem Bleistift umfahren. Nach dem Ausschneiden aller Teile das Motiv zusammenfügen.

Streifen selber schneiden

Sternstreifen gibt es in folgenden Größen: 5 mm (nur Gold), 10 mm, 15 mm, 25 mm und 30 mm.

Für die größeren Motive (ab 25 mm und Sondermaße) in diesem Buch ist es empfehlenswert, die Streifen selber zu schneiden. Dazu habe ich Tonpapier (130 g/m²) verwendet. Dadurch erhalten die Motive eine gute Stabilität. Sie benötigen eine Schneideunterlage, einen Cutter und ein Metalllineal oder ein „Roll & Schnitt“. Das ist ein Rollmesser, das an einem Lineal entlanggleitet. Das 50 x 70 cm große Ton-, Transparent- oder Alupapier zur Hälfte, also auf 35 cm, falten. Nun die Streifen abschneiden. Je Stern werden vier Streifen benötigt.

Sterne zusammenfügen

* Sollen Sterne zu einem Kreis zusammengefügt werden, immer zwei eng zusammenstehende Spitzen in zwei weit auseinanderstehende Spitzen stecken und mit Klebstoff fixieren.

* Sollen die Sterne zu Kugeln oder Körben verarbeitet werden, die weit auseinanderstehenden Spitzen ineinander kleben. Zuerst vier oder fünf Sterne, je nach Größe und Angabe in der Anleitung, nebeneinander und nach kurzer Trockenzeit zum Kreis befestigen. Nun die letzten ein oder zwei Sterne unten und/oder oben einfügen. Die Sternspitzen aller Sterne zuerst etwas vorbiegen, bevor sie ineinander gesteckt und mit Klebstoff fixiert werden.

Hilfsmittel

Beim Zusammenfügen der Sterne sind Wäscheklammern als Hilfsmittel im Einsatz. Mit den Klammern können die Klebestellen während des Trocknens fixiert werden.

Engel auf der Wolke

Material

- Tonkarton: haut, orange
- weiße 3-D-Wellpappe
- rotes „Happy Papers" mit Sternchen
- Sternstreifen für:
  13 gelbe Sterne, 15 mm
  1 goldener Stern, 5 mm
- oranger Buntstift
- Filzstifte: weiß, rot, schwarz
- Nähgarn, Sticknadel

Alle Teile des Motivs vom Vorlagenbogen auf das entsprechende Papier übertragen und sorgfältig ausschneiden. Das Gesicht aufmalen und die weißen Lichtreflexe in den Augen nicht vergessen. Mit dem Buntstift die Wangen orange kolorieren. Anschließend das Gesicht auf den Körper kleben und das Haar hinter dem Kopf fixieren. Nun den kleinen goldenen Stern schmückend ins Haar setzen. Den Engel zwischen den Wolkenteilen befestigen.

Fünf ganze und acht halbe Sterne laut Grundanleitung vom Vorlagenbogen falten. Die halben Sterne vorn und hinten auf der Wolke platzieren. Die ganzen Sterne mit Nähgarn an die Wolke hängen.

Weihnachtslandschaft

Weihnachtsbäume

Material

- grünes Tonpapier, 130 g/m² oder/und grüne Alubastelfolie mit Sternchen
- Sternstreifen für: 1 gelben und/oder goldenen 10 mm Stern

Pro Baum je 4 Sternstreifen in den Größen 35 mm, 30 mm, 25 mm, 20 mm,15 mm und 10 mm x 70 cm schneiden. Den größten Stern nur halb, alle anderen Sterne ganz fertig falten. Anschließend die Sterne übereinander legen und mit Klebstoff fixieren. Zuletzt als Baumspitze einen gelben bzw. goldenen Stern hochkant aufkleben.

Sternschnuppe

Material

- 4 Streifen goldene Alubastelfolie mit Sternchen, 4,5 x 70 cm
- 8 Streifen kupferfarbene Alubastelfolie, 3,5 x 70 cm
- Sternstreifen für:
  2 gelbe Sterne, 25 mm
  6 gelbe Sterne, 10 mm
- gelber Tonkarton
- glittergoldener Funliner
- Perlgarn

Aus der kupferfarbenen Alufolie und der Sternchen-Bastelfolie Sterne ohne Sterntüten falten. Die restlichen Sternstreifen zu halben Sternen verarbeiten.

Den Schweif der Sternschnuppe aus gelbem Tonkarton schneiden und mit dem glittergoldenen Funliner verzieren. Nach dem Trocknen des Funliners die Sterne laut Abbildung zusammen- und den Schweif dazwischenkleben. Auf dem Schweif beidseitig je drei Sterne anbringen und einen Faden zum Aufhängen befestigen.

Kranz & Dose

Weihnachtskranz

Material

★ Sternstreifen für:
  24 grüne Sterne, 10 mm
  8 rote Sterne, 10 mm
  5 grüne Sterne, 15 mm
★ 1 roter Stern aus Alubastelfolie, 15 mm
★ 1 Styroporhalbring, Ø 24 cm
★ grünes Krepp-Papier
★ 25 gelbe Perlen, Ø 10 mm
★ Lackdraht
★ rotes Schleifenband,
  2,5 cm breit, 50 cm lang
★ Schaschlikspieß
★ gelbes Perlgarn
★ Sticknadel

Alle Sternstreifen zunächst laut Grundanleitung vom Vorlagenbogen zu halben Sternen verarbeiten. Einen ca. 2,5 cm breiten Streifen von der Krepp-Papierrolle abschneiden und den Styroporring damit umwickeln. Nun die roten und grünen Sterne auf dem Ring arrangieren und mit Heißkleber befestigen. Zwei rote Sterne übrig lassen.

22 Perlen auf den Lackdraht fädeln und den Draht um einen Schaschlikspieß wickeln. Die Perlen dabei auf dem Draht verteilen. Anschließend den Perlendraht um den Kranz wickeln. Aus der roten Alubastelfolie einen Stern ohne Sterntüten herstellen und darauf beidseitig die zwei letzten roten Sterne kleben. Eine Perle an ein Stück Perlgarn knoten und eine zweite auffädeln. Nun den Stern auffädeln und eine weitere Perle auf den Faden ziehen. Noch einmal durch das Loch der Perle stechen, damit die Perle sich auf den Faden schieben lässt.

Abschließend den Stern so am Kranz befestigen, dass er in der Mitte herunterhängt. Das rote Schleifenband als Aufhängung befestigen.

Rote Dose

Material

★ rote Wellpappe
★ Sternstreifen für:
  1 gelben Stern, 25 mm
  8 gelbe Sterne, 10 mm
★ glittergoldener Funliner

Die halben Sterne laut Grundanleitung falten. Aus der Wellpappe je einen Streifen mit der Größe 9 x 33 cm und 3 x 35 cm schneiden. Die Kreise für den Deckel und den Boden je zweimal zuschneiden und zur Verstärkung zusammenkleben. Als Deckelrand den schmalen Streifen um den Deckelkreis kleben. Für die Dose den breiten Wellpappestreifen um den Boden fixieren. Den Deckelrand mit dem goldenen Funliner verzieren.

Abschließend den großen Stern auf dem Deckel platzieren. Die Ränder des Sterns ebenfalls mit der goldenen Farbe konturieren. Die acht kleinen Sterne laut Abbildung an der Dose befestigen.

Lichterkette

Material

- ★ Transparentpapier extra stark, 120 g/m², Primavera: Milano, Firenze, Roma, je Stern 8 Streifen von 2,5 x 70 cm
- ★ 10 x Sternstreifen für 12er-Sterne, 15 mm, weiß, gelb, orange

Die 12er-Sterne gemäß Grundanleitung vom Vorlagenbogen falten. Die Sterntüten allerdings nur auf fünf der sechs Seiten bilden. Auf der sechsten Seite die Streifenenden knapp ab- und in der Mitte mit der Schere kreuzweise einschneiden. In diesen Einschnitt die Lämpchen der Lichterkette einstecken.

Für jeden Transparentpapier-Stern werden zwei halbe Sterne benötigt. Die Sterne an je drei Spitzenpaaren miteinander verkleben. Die Sterne sollten wirklich ganz trocken sein, bevor sie auf die Lämpchen der Lichterkette gesteckt werden.

Klassisches rotes Mobile

Material

- 4 rote Streifen Alubastelfolie mit Sternchen, 3,5 x 70 cm
- 8 rote Streifen Tonpapier, 130 g/m², 2,5 x 70 cm
- Sternstreifen für:
  3 rote Sterne, 15 mm
  1 roten Stern aus Alubastelfolie mit Sternchen, 15 mm
  7 rote Sterne aus Alubastelfolie, 10 mm
- 5 rote Holzperlen, Ø 10 mm
- rotes Perlgarn
- Puppennadel

Aus dem Alubastelfolienstreifen mit Sternchen und den 15 mm breiten roten Tonpapierstreifen Sterne ohne Sterntüten falten. Aus der roten Alubastelfolie (10 mm) sechs Sterne halb und einen Stern ganz falten

Auf den großen Alustern beidseitig die halben, aus den 2,5 cm breiten Streifen gefertigten, Sterne kleben. Auf die drei Sterne ohne Sterntüten beidseitig die halben Sterne aus Alubastelfolie kleben.

Die Sterne laut Abbildung mit Perlen auf rotes Perlgarn fädeln und unter sowie über dem großen Stern befestigen.

Weihnachtsgrüße vom Mond

Material

- Tonkarton: weiß, gelb, rot, grün
- Sternstreifen für:
  3 gelbe Sterne, 10 mm
  5 gelbe Sterne, 15 mm
  6 goldene Sterne, 10 mm
- Stifte: weiß, schwarz, rot, grün, dunkelgrün, orange, gelb
- schwarzer Fineliner
- gelbes Perlgarn
- Sticknadel
- Funliner Magic: schwarz, glittergold

Alle Teile des Motivs vom Vorlagenbogen auf das entsprechende Papier übertragen und ausschneiden. Den Außerirdischen laut Abbildung bemalen. Den Schriftzug „Frohes Fest" mit dem schwarzen Funliner Magic auftragen und goldene Punkte auftupfen. Anschließend den Mond mit dem goldenen Funliner konturieren. Die Farben trocknen lassen. Das Motiv zusammenfügen.

Aus den goldenen Sternstreifen halbe Sterne herstellen. Die gelben 15-mm-Streifen zu drei Sternen ohne Sterntüten falten und darauf beidseitig die goldenen Sterne kleben. Die übrigen Sternstreifen zu vollständigen Sternen falten. Abschließend einen Stern an die obere Mondspitze hängen und die übrigen Sterne unter dem Mond befestigen.

Frohes Fest

Sternen-Engel

Material

- Tonkarton: weiß, haut, gelb, rot
- Sternstreifen für:
  14 gelbe Sterne, 10 mm
  9 goldene Sterne, 5 mm
- rosa Buntstift
- schwarzer Fineliner
- roter Lackdraht
- Blumenbindedraht, Ø 0,8 mm, 36 cm lang
- Sticknadel

Zunächst die neun halben goldenen Sterne und die 14 ganzen gelben Sterne laut Grundanleitung falten. Alle Teile des Engels vom Vorlagenbogen auf das entsprechende Papier übertragen und ausschneiden.

Das Gesicht mit dem Fineliner aufmalen und die Wangen mit dem Buntstift röten. Die Ärmel zum Runden über eine Schere ziehen sowie die Hände an- und zusammenkleben. Die Flügel ebenfalls leicht runden. Anschließend den Kopf, die Haare und die Flügel am Körper fixieren. Einen goldenen Stern im Haar und die übrigen am Kleid befestigen.

Mit einer Nadel einmal 6 und einmal 8 gelbe Sterne auf jeweils ein Stück Lackdraht fädeln. Nun die Drähte um einen dünnen Stab wickeln. Dabei die Sterne gleichmäßig auf dem Draht verteilen. Den Blumenbindedraht durch die acht Sterne und die Lackdrahtspirale führen und den Engel an einer weiteren Drahtspirale hängen lassen. Zum Schluss die Lackdrahtspirale mit den 6 Sternen an den Händen des Engels befestigen.

Prachtvolle Kugeln

Kugel in der Kugel

Material
- 24 Streifen rotes Tonpapier, 130 g/m², 3 x 70 cm
- Sternstreifen für 1 gelben 12er-Stern, 15 mm
- 5 gelbe Holzperlen, Ø 10 mm
- gelbes Perlgarn
- Puppennadel

Aus den gelben Sternstreifen einen 12er-Stern falten. An ein Stück Perlgarn eine Holzperle knoten und mit der Nadel durch den Stern ziehen. Im Abstand von 5 cm zum Stern einen dicken Knoten bilden.

Aus den roten Streifen halbe Sterne falten und vier davon nebeneinander zusammenkleben. Gelbe Holzperlen mit Heißkleber jeweils in der Mitte der Sterne befestigen. Anschließend die Sterne zum Kreis schließen und den fünften Stern so einfügen, dass eine Halbkugel entsteht. Mit der Nadel durch die Mitte des fünften Sterns stechen und den Faden mit dem 12er-Stern durchziehen. Zum Schluss den sechsten Stern auf der gegenüberliegenden Seite einkleben.

Offene Kugel

Material
- 20 Streifen rotes Tonpapier, 130 g/m², 3 x 70 cm
- Sternstreifen für:
  8 gelbe Sterne, 15 mm
  1 gelben 12er-Stern, 15 mm
- 1 gelbe Holzperle, Ø 10 mm
- gelbes Perlgarn
- Puppennadel

Einen 12er-Stern und acht gelbe Sterne laut Grundanleitung vom Vorlagenbogen falten. Aus den roten Streifen halbe Sterne falten und vier davon nebeneinander kleben. Diese nach dem Trocknen zum Kreis schließen und den fünften Stern einsetzen, sodass eine Halbkugel entsteht. An ein Stück Perlgarn eine Perle knoten. Den Faden mit einer Nadel durch den gelben 12er-Stern und anschließend gemäß Abbildung durch die Mitte eines roten Sterns ziehen. Über dem Stern einen dicken Knoten binden und diesen mit Klebstoff fixieren. Den Faden zum Aufhängen ca. 1 cm hinter dem Knoten befestigen. Abschließend die acht gelben Sterne in den Zwischenräumen der roten Sterne fixieren.

Weihnachtliche Körbe

Naturfarbene Dose

Material

- naturfarbene 3-D-Wellpappe
- Sternstreifen für:
  1 roten12er-Stern, 10 mm
  4 silberne Sterne, 10 mm
- roter Primaverakarton „Milano“
- Wellenschere

Aus der Wellpappe je einen Streifen der Größe 7 x 33 cm und 3 x 35 cm schneiden. Die Kreise für den Deckel und den Boden je zweimal zuschneiden und zur Verstärkung zusammenkleben. Als Deckelrand den schmalen Streifen um den Deckelkreis, als Dose den breiten Wellpappestreifen um den Boden kleben. Anschließend einen mit der Wellenschere geschnittenen Streifen des Primaverakartons um den Deckelrand fixieren.

Zum Schluss den Deckel mit vier silbernen halben und einem roten 12er Stern laut Abbildung verzieren.

Material für den großen Korb

- 20 Streifen rotes Tonpapier,
  130 g/m², 2,5 x 70 cm
- Sternstreifen für:
  5 rote Sterne, 15 mm
  4 rote Sterne, 10 mm
  12 gelbe Sterne, 10 mm

Material für den kleinen Korb

- 20 Streifen rotes Tonpapier,
  130 g/m², 2 x 70 cm
- Sternstreifen für:
  6 rote Sterne, 10 mm
  8 weiße Sterne, 10 mm

Die Körbe werden in der Grundform gleich gearbeitet und nur aus halben Sternen gefertigt. Je Korb werden vier halbe und ein Stern ohne Sterntüten benötigt. Die halben Sterne erst nebeneinander und dann zum Kreis kleben. Den Stern ohne Sterntüten zuletzt als Boden einfügen.

Für den Bügel vom großen Korb die 15-mm-Sterne aneinander kleben. Dazwischen die 10-mm-Sterne fixieren. Den Bügel und die gelben Sterne am Korb befestigen.

Den Bügel vom kleinen Korb aus sechs aneinander geklebten Sternen fertigen. Den Bügel abschließend mit den weißen Sternen an den Korb kleben.

Weihnachtsgans

Material

- Tonkarton: weiß, gelb, grün
- Sternstreifen für:
  4 rote Sterne, 10 mm
- 16 Streifen rote Alubastelfolie mit Sternchen, 1 x 70 cm
- schwarzer Stift
- Schleifenband, 4 mm

Alle Sterne halb fertigen. Alle Teile der Gänse vom Vorlagenbogen auf Tonkarton übertragen und ausschneiden. Die Umrisse der Flügel mit einem Cutter einschneiden. Die Flügel leicht hochknicken. Anschließend die Füße zwischen den Körperteilen befestigen und die Schnäbel beidseitig ankleben. Die Gesichter von beiden Seiten aufmalen. Die Gans in ihrem Rahmen platzieren sowie mit Sternen und Schleifen verzieren.

Material

- ★ Tonkarton: weiß, rot
- ★ Vario-Karton: Teddy/Lamm
- ★ grüne 3-D-Wellpappe
- ★ grünes Seidenpapier
- ★ Sternstreifen für: 6 gelbe Sterne, 15 mm
- ★ Stifte: weiß, rot, schwarz
- ★ 1 Konfektschachtel, 18,5 x 18,5 cm
- ★ Funliner: schwarz, glittergold

Merry X-mas

Alle Einzelteile des Bären vom Vorlagenbogen auf die entsprechenden Papiere übertragen und ausschneiden. Das Gesicht aufmalen, weiße Lichtreflexe in die Augen und auf die Nase malen sowie den Bären zusammensetzen. Für das Merry X-mas Schild einen 3 x 17 cm langen Streifen aus rotem Tonkarton zuschneiden und mit dem schwarzen Funliner beschriften. Um den Schriftzug goldene Punkte auftupfen.

Die Sternstreifen zu halben Sternen falten und die äußeren Konturen mit dem goldenen Funliner nachzeichnen. Die Farbe ausreichend trocknen lassen. Aus dem Schachteldeckel die Folie entfernen und eventuell den inneren Rand begradigen. Den Wellpapperahmen auf dem Schachteldeckel fixieren und in die untere Schachtelhälfte geknülltes Seidenpapier kleben. Den Bären in der Schachtel positionieren und den Deckel und das Schachtelunterteil zusammenkleben. Um den Schachtelrand einen Streifen Wellpappe kleben. Abschließend die Sterne auf dem Motiv arrangieren und eine Plakatöse oder ein Stück Schnur zum Aufhängen befestigen.

Material

- ★ Tonkarton: weiß, haut, rot
- ★ rotes „Happy Papers" mit Karos
- ★ blaue Wellpappe mit Herzen
- ★ blaues Seidenpapier
- ★ Sternstreifen für: 5 gelbe Sterne, 15 mm
- ★ rosa Buntstift
- ★ Filzstifte: weiß, rot, schwarz
- ★ 1 Konfektschachtel 18,5 x 18,5 cm
- ★ Funliner Magic: schwarz, glittergold

Frohes Fest

Aus den Sternstreifen gemäß Grundanleitung vom Vorlagenbogen fünf halbe Sterne falten. Die äußeren Ränder mit dem glittergoldenen Funliner verzieren. Nun alle Teile des Motivs vom Vorlagenbogen auf die entsprechenden Papiere übertragen und ausschneiden. Alles laut Abbildung zusammensetzen und bemalen. Aus rotem Tonkarton einen 3 x 17 cm langen Streifen für den Weihnachtsgruß zuschneiden, mit dem schwarzen Funliner beschriften und mit dem glittergoldenen Funliner verzieren.

Aus dem Schachteldeckel die Folie entfernen und eventuell den inneren Rand glatt schneiden. Den Wellpapperahmen auf dem Deckel fixieren und auf den Boden des Schachtelunterteils leicht geknülltes Seidenpapier kleben. Das Weihnachtspaar in der Schachtel platzieren und mit Klebstoff befestigen. Den Deckel und das Schachtelunterteil zusammenkleben. Um den Deckelrand einen Wellpappestreifen kleben. Zuletzt die Sterne und den Weihnachtsgruß auf der Schachtel arrangieren. Zum Aufhängen hinten eine Plakatöse oder ein Stück Schnur befestigen.

Lila Mobile

Material

- 20 lila Tonpapierstreifen, 130 g/m², 3 x 70 cm
- Sternstreifen für:
  4 weiße Sterne, 15 mm
  2 fliederfarbene Sterne, 15 mm
  2 lila Sterne, 15 mm
  je vier 12er-Sterne, 10 mm: weiß, fliederfarben, lila
- 5 naturfarbene Holzperlen, Ø 8 mm
- lila Perlgarn
- Puppennadel

Aus den 20 lila Streifen fünf halbe Sterne formen. Alle anderen Sterne ganz fertig falten. Vier der halben Sterne nebeneinander zusammenkleben. Diese nach dem Trocknen zum Kreis schließen und den fünften Stern einfügen, sodass eine Halbkugel entsteht. Die weißen Sterne in den unteren Zwischenräumen der lila Sterne fixieren. Die flieder- und lilafarbenen Sterne in wechselnder Farbfolge auf die Zwischenräume darüber kleben. Eine Perle an ein Stück Perlgarn knoten und laut Abbildung drei 12er-Sterne auffädeln. Vier Sternketten bilden. Diese in gleichmäßigen Abständen mit dem Garn an die Halbkugel knoten. An das Perlgarn zum Aufhängen des Mobiles eine Perle knoten und durch den mittleren oberen Stern stechen.

Klammern

(Siehe auch Abb. Seite 29)

Für die Klammern benötigen Sie je eine Holzklammer und Sternstreifen für einen Stern. Aus den Sternstreifen einen halben Stern falten und mit Kleber auf der Klammer fixieren. Die Sterne können zusätzlich mit Funliner verziert werden.

Merry
Christmas

Blaue Inspiration

Blaue Glocke

Material

- 20 Streifen blaues Tonpapier, 130 g/m², 3 x 70 cm
- 32 Streifen blaue Alubastelfolie mit Sternchen, 15 mm x 60 cm
- Sternstreifen für einen gelben 12er-Stern, 15 mm
- 6 gelbe Holzperlen, Ø 10 mm
- gelbes Perlgarn
- Puppennadel

Alle Streifen schneiden und laut Grundanleitung vom Vorlagenbogen nur halbe Sterne falten. Die Sterntüten also nur auf einer Seite falten. Vier der großen Sterne zu einem Kreis kleben. Anschließend den oberen Stern einsetzen. Um die untere Kante als Abschluss die Sterne aus blauer Alubastelfolie kleben. Aus den 15 mm breiten gelben Streifen einen 12er-Stern herstellen.

An ein Stück Perlgarn eine Perle knoten. Den Faden mit der Puppennadel durch den 12er-Stern führen. Eine weitere Perle auffädeln und die Nadel nochmals von unten durch diese Perle führen. Nun das Perlgarn mit der Nadel von unten durch die Mitte des obersten Sterns der Glocke herausleiten. Der Abstand des gelben Sterns zur Glocke kann nun mit der Holzperle eingestellt werden. Zum Schluss die übrigen fünf Perlen mit Heißkleber jeweils in die Mitte der fünf großen Sterne kleben.

Blaue Rhombe

Material

- Sternstreifen für:
  10 blaue Sterne, 15 mm
  4 goldene Sterne, 10 mm
- Perlgarn
- Nadel

Zu Beginn laut Grundanleitung vom Vorlagenbogen alle Streifen zu halben Sternen verarbeiten. Die Sterne zu zwei Halbkugeln zusammenfügen. Dazu vier der blauen Sterne zuerst nebeneinander befestigen und anschließend zum Kreis kleben. Nun in beide Kreise den fünften Stern einfügen. Den Kleber gut trocknen lassen.

Nun mit Hilfe der Nadel einen Perlgarnfaden zum Aufhängen durch die Mitte des oberen Sterns ziehen. Bei beiden Halbkugeln die unteren Sternspitzen nach außen knicken. An diesen Spitzen die beiden Halbkugeln miteinander verkleben. Zuletzt die vier goldenen Sterne mittig um die Rhombe kleben.

Blaue Dose

Material

- blaue Wellpappe
- Sternstreifen für:
  3 gelbe Sterne, 10 mm
- je 1 weißer, fliederfarbener, lila Stern, 10 mm
- blaue Alubastelfolie mit Sternchen
- weißes Tonpapier
- Wellenschere

(Anleitung siehe Seite 30)

Nico
Lucy

Schneemann Willi

Material
- ★ Tonkarton: weiß, orange, rot, blau
- ★ Sternstreifen für:
  6 silberne Sterne, 10 mm
  13 weiße Sterne, 10 mm
- ★ rosa Buntstift
- ★ Filzstifte: weiß, rot, schwarz
- ★ Funliner: schwarz, glittergold
- ★ blauer Lackdraht

Zunächst alle Teile des Schneemanns vom Vorlagenbogen auf das entsprechende Papier übertragen und ausschneiden. Den Schriftzug mit dem schwarzen Funliner auf das rote Schild schreiben. Den Rand des Schildes mit dem goldenen Funliner verzieren. Die Farben trocknen lassen. Laut Grundanleitung vom Vorlagenbogen zwei weiße und zwei silberne ganze Sterne falten. Die übrigen Sterne werden nur halb benötigt. Den Schneemann bemalen und zusammenfügen. Dazu die zwei Körperteile des Schneemanns mit Lackdraht am Schild befestigen. Die Hände ankleben und die Sterne gemäß Abbildung auf dem Schneemann fixieren. Die vier ganzen Sterne auf Lackdraht fädeln und um einen dünnen Stab wickeln. Die Sterne dabei auf der Lackdrahtspirale verteilen. Zum Schluss den Sternendraht an den Händen befestigen.

Blaue Dose

(Abb. und Material siehe Seite 29)

Die Sterne laut Grundanleitung falten. Aus der Wellpappe je einen Streifen der Größe 8 x 33 cm und 3 x 35 cm schneiden. Die Kreise für den Deckel (Ø 10,5 cm) und den Boden (Ø 10 cm) je zweimal zuschneiden und zur Verstärkung zusammenkleben. Als Deckelrand den schmalen Streifen um den Deckelkreis, als Dose den breiten Wellpappestreifen um den Boden kleben. Anschließend einen mit der Wellenschere geschnittenen Streifen weißen Tonpapiers und blauer Sternchenalufolie um den Deckelrand fixieren. Zum Schluss die Sterne laut Abbildung auf dem Deckel platzieren.

FROHE WEIHNACHTEN

Strahlender Glanz

Turm-Teelicht

Material

- 4 Streifen goldene Alubastelfolie mit Sternchen, 4 x 70 cm
- Sternstreifen für:
  10 weiße Sterne, 15 mm
  5 goldene Sterne, 10 mm

Aus der Alubastelfolie einen Stern ohne Sterntüten falten. Alle anderen Sterne werden als halbe Sterne benötigt. Je fünf Sterne zu zwei Reihen nebeneinander kleben. Dann beide Reihen übereinander zusammenkleben und nach dem Trocknen zum Kreis schließen. Die Sternspitzen der unteren Reihe nach innen umknicken und auf dem großen Stern fixieren. Abschließend die goldenen Sterne an das Turm-Teelicht kleben.

Halbkugel-Teelicht

Material

- 20 Streifen weißes Tonpapier, 130 g/m², 2 x 70 cm
- Sternstreifen für 4 goldene Sterne, 10 mm
- goldenes Transparentpapier Primavera „Roma"

Aus den weißen Sternstreifen einen Stern ohne Sterntüten und vier halbe Sterne falten. Nun die vier halben Sterne nebeneinander zusammenkleben und zum Kreis schließen. Den Stern ohne Sterntüten als Boden einkleben. Nach dem Trocknen des Klebers die Lücken mit Transparentpapier hinterkleben. Zuletzt laut Abbildung oben vier halbe goldene Sterne fixieren.